정정지 시집

방파제

만인사

자서

어디쯤 시가 있는지도 모르고
무작정 시를 찾아 나섰었다.
내 느린 걸음으로
시를 찾을 수는 있을런지?
그래도 그만 둘 수 없는
그 길을 나는 오늘도 걷고 있다.
느릿느릿.

2013년 봄

차 례

자서 ——— 3

1. 화산

길 ——— 11
체념 ——— 12
화산 ——— 13
전지 ——— 14
평행선 ——— 15
벽 ——— 16
민둥산 ——— 17
방파제 ——— 18
꽃샘 추위 ——— 20
테 ——— 21

차 례

세월 —————— 22
대추를 말리며 —————— 23
갈림길 —————— 24
예감 —————— 26
뒷모습 —————— 27

2. 조각보

산들바람 —————— 31
부러진 날개 —————— 32
어시장에서 —————— 33
조각보 —————— 34
질경이 마을 —————— 35
사파리에서 —————— 36
초여름, 뻐꾸기 소리 흐르는 —————— 38
자리바꾸기 —————— 40
수신불량 안테나 —————— 41
김종희 위독 —————— 42

차 례

흰 국화 그늘에 들다 —————— 43
그 섬에는 —————— 44
돌아 갈 시간 —————— 46
어느 날 풍경 —————— 47
서귀포에서 —————— 48

3. 겨울 일기

손녀 —————— 51

離乳 —————— 52

바늘 —————— 54

호박 —————— 55

출항 —————— 56

그렇게 될 수만 있다면 —————— 58

고삐를 놓다 —————— 60

작별 —————— 61

미련의 손 —————— 62

나목 —————— 63

겨울일기 —————— 64

차 례

손 —————— 65
뇌졸중 —————— 66
알츠하이머 —————— 67
그 해 가을 —————— 68

4. 오늘 문득

봄 —————— 71
편지 —————— 72
전화 —————— 73
오늘 문득 —————— 74
물꼬 —————— 75
어떤 날 —————— 76
시골 학교 —————— 77
코스모스 —————— 78
동학사 —————— 79
봄을 기다리며 —————— 80
주왕산, 가을 —————— 81
주산지 고목 —————— 82

차 례

만추 ──────── 83
낡음, 그 편안함에 대하여 ──────── 84
등나무 그늘 ──────── 85

| 해설 |
세계와 삶에 대한 신뢰와 긍정의 노래/이진홍 ──────── 86

1
화산

길

또 갈림길이다

들머리에서 서성거려 보지만
길을 물을 사람 보이지 않는다

하루에도 몇 번씩 만나는
두 갈래 세 갈래의 갈림길

지름길이든
흙탕길이든
내가 택하고
내가 걸어야 할 길

그 머나먼 길

체념

간절히 기원해도
이뤄지지 않는다

한 조각 구름되어
산을 넘어 가 버린다

긁히고 넘어지며
갈등의 골짜기를 헤매다
그를 만난다

그에게 이끌려
골짜기를 벗어난다

화산

끓고있는 분노
가슴 속에 쟁여놓고
변함없는 얼굴로
그 자리에 서 있는

저어기 저 사람

전지

정원사가 나무를 다듬고 있다
능숙하게 무성한 가지들을 잘라내고 있다
더 높게 더 넓게 뻗어나고 싶은 욕망
싹둑싹둑 잘려 땅으로 떨어지고
비명을 지르거나 발버둥칠 수 없는
나무의 아픔은 혼자서 삭여야 할 그만의 몫이다
무표정하게 서 있는 나무

전지를 마치고 그가 돌아가고 나면
나무는 땅속에다
더 넓고 더 깊게 뿌리를 뻗는다

평행선

궤도수정을 완강히 거부한다
그리고 내닫는다
다가오지 않는 상대를 손가락질하며

영원히 이뤄지지 않을 악수

벽

그는 벽이었다
쪽문 하나 없는

완강하게 손사래치며
눈 감고 귀 막고
돌아앉은 저 철옹성

뚫어보려 애쓰던 말들
튕겨나와 널브러져 쌓이고
두드려보고 힘껏 밀어도 보지만
미동도 않는 까마득한 높이

담쟁이덩굴이 여린 손으로
기어오르기 시작한다

민둥산

양 손 입에 대고
목청껏 '야아호오'
내 마음을 보냈다

대답 없다

다시 한 번 '야아호오'
또 대답 없다

메아리가 깃들게
나무를 심기엔 너무 방대한
저
민·둥·산

방파제

언제부턴가 그는
그 자리에 있어
풍경의 일부가 되었다

가끔씩 내려와
추수 앞 둔 농사를 들쑤시는
저 멧돼지 같은
파도를 온몸으로 받아내는 그가 있어
부둣가 횟집들은 안심하고 잠이 든다

늘 거기 있어도
청명한 날엔 눈에 띄지 않는 그
태풍경보가 내린 날은
태산처럼 미덥다

한밤중 아무도 몰래
파도에 시달린
팔다리 주무르며

어깨 들썩이고 숨죽여 울기도 하는 그

오늘은 발 씻고 앉아
갈매기를 세고 있다

꽃샘 추위

느닷없이 들이닥친 불청객
인정사정 봐 주지 않는다

거부하고 싶지만
피할 길 없는 여린 순
경직되어 파란 입술로
떨고 있다

가혹한 고문 끝나고 나면
꽃도 잎도 피우겠지만
내년이면 또 찾아 올
다시는 만나고 싶지 않은 저 불한당

테

뒤꼍에 버려졌던
금 간 항아리
철사가 야윈 팔로 힘껏 끌어안았다

옛날처럼 다시 물이 채워진 항아리

멀어졌던 파란 하늘이 비치더니
오늘은 별 하나가 떴다

테가 살려 낸 항아리
윤기가 눈부시다

세월

길 잘 든 양떼들인가
우리들은
채찍도 안 든 그에게 몰려
영원한 휴식이 기다리고 있는
골짜기를 향해
내닫고 있다

무수한 마침표가 뒹구는 그 곳에
우리를 데려다 놓기 전엔
한 눈 한 번 팔지 않는 그

성급히 뛰어내린 나뭇잎 몇몇
바람에 쏠리고 있다

대추를 말리며

살 속에 팽팽히 머금었던 군더더기들을
가을볕에 죄다 날린 후에야
이웃에게 자리를 비워주는
대추를 보았다

말라깽이가 되고 싶었다

갈림길

검사 결과를 알기 위해
진료실 의자에 앉았다
흰 가운을 입은 그가
골똘히 사진을 들여다보고 있다

그가 가리키면
거부의 손짓 한 번 못하고
순순히 내려 가야 할
음침한 무저갱이 저만치 입을 벌리고 있다

살가운 이들과 같이 걷던 길
아직도 가야 할 길 멀기만 한데
잡초가 드문드문 돋아있는
그 길로 계속 걸을 수만 있다면……
몇몇 얼굴들이
나타났다 멀어져간다

그의 손가락이 길 쪽을 가리킨다

참으로 긴
갈림길의 한 순간이었다

예감

나는 허깨비였던가

아무도 몰래
살짝 내민 그의 손 끝에 떠밀려
그리로 떨어질줄이야
헤엄칠줄 모르는 나에게
그곳은 넓고도 깊었다

몸부림치면 칠수록
코로 입으로 들어오는
검푸른 파도
며칠을 허우적거려도
언덕은 보이지 않았다

깔깔거리는 그의 웃음소리
조금씩 멀어져가는 이 밤
아침이면 조각배 하나
만날 것 같은 예감에
동녘 하늘을 본다

뒷모습

높은 담장으로 둘러싸인
내 안의 정원에선 눈보라가 치고 있다
계절이 순서없이 찾아오는 그 곳
목련꽃 후덕한 웃음 가득하다가
겨울 풍경화로 바뀌기도 하고
가지 휘어지게 열매를 단 나무들
뚜벅뚜벅 걸어 들어와 뜰을 메우기도 한다
그들은 오래 머물기도 하고
잠시 얼굴을 보였다 사라지기도 하지만
나무를 키우는 건
계절의 칼끝이 금을 그어 만드는 나이테다
흐드러진 벚꽃으로
환해진 현충로를 걷는 지금
내 안에선 눈보라가 치고 있지만
작은 풀꽃들의 가냘픈 입김에도 밀려나는
그의 뒷모습을 나는 알고 있다

2
조각보

산들바람

입추 새벽에 그를 보았다
발자국 소리 죽이고
거니는 그를
풀벌레 한 마리
자그만 소리로 환영하고 있었다

조금씩 흔들리기 시작한
완강한 바리케이트 너머엔
백기를 만들고 있는
더위의 어깨가 내려앉기 시작하고
날개를 손질하고 있는
한 무리 고추잠자리가
진군 나팔소릴 기다리고 있었다

부러진 날개

창공에 푸른 날개 펼쳐
위용을 자랑하던 검독수리
죽지 부러져 땅에 떨어졌다

부러진 날개로는 돌아갈 수 없는
푸른 하늘 울창한 숲

상처난 두 다리로
간신히 버티고 선 낯선 땅

땅바닥에서 낮은 가지로
이 가지에서 저 가지로 날아다니는
참새의 작은 날개에 묻은
눈부신 아침 햇살을
독수리는 훔치고 싶다

어시장에서

새벽 어시장에서
갈치를 본다
그의 몸 아직 은빛 찬란하다
날카로운 낚시 바늘에 꿰어진
꽁치 토막을 택했던 그
번복할 수 없는 선택으로
쓸모 없어진 지느러미

소금기 머금은 바람
이제는 갈 수 없는 바다쪽으로
느리게 이동하고 있다

조각보

엄마는 밤늦도록
반짇고리에 모아두었던
형형색색의 헝겊 조각을 꺼내
한 장의 조각보를
만들고 있다

이혼하고 사내애 둘 키우던 남자와
사별하고 남매를 기르던 여자가
둥지를 틀고
아빠와 엄마가 되었다
남자의 아이 여자의 아이
머잖아 태어날 그들의 아이

모양도 색깔도 다른 헝겊들
완성된 조각보 펴 들고
환하게 웃을 날이
불면의 강 건너
깊은 골짜기에서 눈 뜨고 있다

질경이 마을

아파트 모퉁이
사람들 눈길 뜸한 한갓진 곳
질경이 개비름 패랭이꽃 강아지풀
한 동네 이루며 살고 있다
각각 고향이 다른 그들
보이지 않는 길을 따라 흘러와
척박한 땅에 뿌리 내리고
아스팔트 녹이는 햇볕도
마구잡이로 퍼붓는 소나기도
온몸으로 묵묵히 받아들이며
바람부는 날엔 몸을 낮추며 살아가지만
노랑 혹은 보랏빛
손톱만한 꽃 몇 점 피워 내는 일도 잊지 않는
그들만의 언어로 단단히 엮어진 마을
아파트 모퉁이
사람들 눈길 뜸한 곳엔
질경이 개비름의 마을이 있다

사파리에서

고향 떠나니
사냥하지 않아도
일용할 양식 걱정 없어졌다

하릴없이 어슬렁거리다
더위로 노곤해진 몸
인공폭포 밑 물 속에 담가본다

안락함 만으론 잠재울 수 없는 그리움

입 크게 벌려 포효해 보지만
눈 감으면 지척인
그곳 너무 멀다

밤이면 별빛 쏟아져 내리던
아득한 고향

베트남에서 시집 온 위엉 쑤안이

대전 오! 월드 아프리카 사파리에서
호랑이를 보고 있다

초여름, 뻐꾸기 소리 흐르는

뱁새 둥지에 몰래 알을 낳고
어미 뻐꾸기 날아가 버린다

양어머니 품에서 깨어 난
뻐꾸기 새끼

격렬하게 먹이를 보채는
덩치 큰
업둥이를 기르느라
등골 휘는 어미 뱁새

누렇게 익은 보리밭 위로
비행기 한 대 지나간다

엄마에게 버림받고
파란 눈의 양부모 찾아
태평양 건너가는
뻐꾸기 새끼 같은 아기도 타고 있을까

누런 보리밭 위로
뻐꾸기 소리 흐르고 있다
나른하게
한가롭게

자리바꾸기

소나무 밑에 자리잡은 칡덩굴
연한 떡잎 두 장 피워냈을 땐
곁을 내어준 소나무에게
산들바람만 불어도 머리를 조아렸다

밤과 낮이 몇 차례 자리를 바꾼 후
그는 소나무를 붙잡고 오르기 시작했다
산수유꽃이 피었다 지고
또 피었다 진 다음
셀 수 없는 초록 잎새를 거느린 그는
점령군이 되었다

가쁜 숨 몰아쉬는
소나무를 옥죄는
점령군의 탄탄한 팔뚝

그 산속에서 그들의 자리바꿈을
눈여겨보는 사람은 아무도 없었다

수신불량 안테나

때가 되면 꽃대 밀어올리는
서옥*이 앓고 있다
저렇듯 병색이 완연해질 때까지
혼신의 힘을 다 해 보냈을
수많은 고통의 메시지를
나는 수신한 적이 없다

눈 뜨고도 보지 못한 것들
열린 귀로도 듣지 못한 소리
느끼지 못해 스러져 간 몸짓들

지금 이 시간도
나를 향해 전파를 보내고 있을
누군가를 향해 답신을 보낸다
나의 안테나 수신상태 불량
용서 바람

---

* 동양란의 한 종류

김종희 위독

느닷없이 날아와
느긋하던 오후를
팽팽히 조이고 있다

던져 줄 밧줄 하나 갖지 못한
우리들의 빈 손

태풍 글래디스가 몰고 온 비바람에
흔적 없이 씻겨 내려간 조각배

돌연 천둥 소리가
캄캄하게 사납게
내려꽂히고 있다

흰 국화 그늘에 들다

너의 영정 앞에 앉아
기억의 샘에
두레박을 내린다

뒤뜰 감나무 아래서
비누방울같은 웃음을 쏟아놓던 우리

오래 허물어져
엉겅퀴 개망초만 피었다 지던
너에게로 가는 길
오늘 그 길을 황황히 달려 왔건만
서둘러 떠나버린 너

망아지처럼 달리던 들판
황금물결 저리도 일렁이고 있는데

그 섬에는

여든 아홉의 할머니 아직도 물질을 한다
뿌옇게 흐려진 기억에 나이마저 가물거리지만
칠십 년 몸에 익힌 물질로 바닷속에선 생기가 난다

평생을 건져올려도 쌓이지 않는 희망
버거운 걱정거리는 세월에 곰삭아
할머니 몸무게처럼 가벼워졌다

영감과 아들 둘을 삼켜버린
그 바다에서 건져올린 지폐 몇 장을
오늘도 비닐장판 밑에 넣는다
설날 섬으로 들어올 손주에게 줄 돈이다

어제와 그제는
낡은 지붕 떠매고 갈 듯 부는 바람에 아랫목을 지켰다

갈수록 느려지는 발걸음

이제 그만 멈추고 싶다

그 섬에는
굽은 등 바다에 기대고 애면글면 살아가는
김딸막 할머니가 살고 있다

돌아 갈 시간

모래성을 쌓고 있습니다
집으로 돌아갈 시간 얼마 남지 않았지만
더 높게 더 넓게 쌓으려
욕심을 부립니다

달음박질하고
키득거리며 헤엄치다 몸 말리던 모래사장
이따금 소나기 내리면
모래성은 허물어지고
온 몸 흠뻑 젖던 곳

해 가는 줄 모르고 머물던 그 곳
내가 떠나고 나면
쌓고 또 쌓던 모래성과
물웅덩이 속 피라미 몇 마리 비추며
편안한 얼굴의 달이 뜨고

빨간 색연필로 굵은 밑줄 그어두고 싶던 순간들
바람이 싣고 멀리 달려 가겠지요

어느 날 풍경

어둔 하늘이 굵은 빗줄기를
쏟고 있습니다
바람이 몹시 붑니다
나무는 산발한 머리카락을 흩날리며
온몸을 내맡기고 있습니다
흙탕물이 순식간에 나무를 에워쌉니다
나무밑 잡초들 숨을 멈춥니다
조금 약해진듯하던 바람이
다시 힘을 모아 달려듭니다
오늘은 비둘기 한 마리 보이지 않습니다
봄 여름 힘써 길러낸 나뭇잎만
다수 떨어지는 걸로 끝이 날까요
뿌리만은 뽑히지 않으려고 안간힘 쓰는 나무

지금 이 시간 한 줌 햇살
너무 먼 곳에 있습니다

서귀포에서

우리들은 잠수함을 타고 내려가서
물고기들에게 우리들 때묻은 얼굴
구경시켰지요

무심한 듯 지나치며
우릴 바라보는 물고기 떼

분홍 맨드라미산호 불가사리 바다거북이
어우렁 더우렁 살아가는
한가로운 동네

오염덩어리들 불청객으로 앉아
한낮 맑은 물 속에
잠시 그늘을 만들었지요

3
겨울 일기

손녀
— 박혜경의 「도마뱀」풍으로

말 한 마디 못하는 그가
똥 오줌도 못 가리는 그가
제 힘으론 한 발짝도 못 움직이는 그가
제 기분 따라 울고 웃는 그가
나를 사로잡는다

수백리 밖에서
단풍잎만한 손으로 덜미잡고 있는 그가
작은 폭군 그가
깨물고 싶은 그가
나를 조율하고 있다

나의 영토로 들어와
막 돋기 시작한
아랫니 두 개를 내놓고 웃고 있는
향기로운 꽃

離乳

이제 그만 젖줄을 놓아야하는
어린 것이 울고 있다

때로는 평생 움켜잡고 살고 싶은 것
싹둑 잘라 떠나보내기도 한다는 걸
알 리 없는 어린것이
처음 만난 절망 앞에서
하늘이 무너진 듯 목 놓아 울고 있다

젖을 빨다 엄마와 눈이 마주치면
피어나던 수천 개의 꽃송이들
쉽게 놓칠 수 없다

언제까지나 품고 싶은 것
보내는 일은 열 번을 반복해도
처음인 듯 쓰라리다

어린 것이 일어서

비칠걸음으로 걷기 시작한다
아무도 대신 가 줄 수 없는
꽃과 햇빛과 비바람이 섞여있는 길

바늘

너는 바늘이다
소리내어 웃을 땐
입으로 들어와 목젖을 찌르고

눈 내린 달밤
창 밖 내다보는 나를
만리 길 달려와
눈을 찌르고
재빨리 달아난다

홈질 박음질 공그르기 새발뜨기
날렵하게 훼손된 부위를
치유하던 너

찔리고 찔려도
반짇고리에 없어선 안될
미워할 수 없는
소중한 나의 바늘이다

호박

산책로 부근
밭두렁에 누워있는 호박넝쿨

여름내 밤낮없이 젖 물려
올망졸망한 새끼들 키워내던 저 엄마
간밤 무서리에 폭삭 늙어
젖줄 말라 버렸다

빈 젖꼭지 물고서
빤히 올려다 보는 새끼들
푸른 것은 푸른대로
익은 것은 익은대로
쓰일 곳 있지만

엷어진 햇살 아래 대책없이 누워
아직도 누런빛 띨 듯 말 듯
저 어중간한 녀석
내 눈길 잡고 놓지 않는다

출항

> 바람은 언제나 당신 등 뒤에서 불고
> 당신의 얼굴엔 해가 비치기를.
> 이따금 당신의 길에서 비가 내리더라도
> 곧 무지개가 뜨기를.
> ─「켈트족의 기도문」에서

어릴 때 갑판에서
조개껍데기 갖고 놀던 그가
선장이 되었다
아버지 어깨 너머 익힌 기술로
캄캄한 밤바다
폭풍우 치고 파도 거센 날도
항해를 멈출 수 없는

내가 만난 봄 중에 가장 환한 봄이었던 그가
이제 항구에서 배를 타고 떠난다

탄탄하지만 조금은 쓸쓸해 보이는 그의 어깨 위에

간절한 나의 눈빛을 가만히 얹는다

헤아릴 수 없는 깊은 속내를 가진 바다 위로
만선의 꿈 안은 그가 멀어져간다

그렇게 될 수만 있다면

내 불빛 비록 희미하지만
쓸쓸한 밤바다 표류하는
너의 길잡이 될 수만 있다면
밤새 칭얼대는 저 파도 어르며
비바람 몰아쳐도 그렇게 서 있겠네

곱지는 않아도 내 목소리가 네게
자장가 될 수만 있다면
너의 피곤 거둬 실은 마차가 사라질 때까지
노래하겠네

내 가슴에
무너지듯 안겨오는
네 지친 영혼
깃털 이불되어 안을 수 있다면

낙타도 없이 사막을 걷는 네게

한 모금 샘물될 수만 있다면

아아 그렇게 될 수만 있다면

고삐를 놓다

처음 고삐를 잡았을 때 나는 자신감에 넘쳐 있었습니다. 고삐는 가벼웠으므로 어디든 마음대로 그를 끌고 갈 수 있으리란 생각 때문이었습니다. 얼마 동안은 순조로웠습니다. 콧노래가 나왔습니다.

어느 날 그가 걷기를 거부했습니다. 고삐를 바짝 나꿔채 당겨도 보고 등을 쓰다듬어도 보았습니다. 움직여지지 않았습니다. 실랑이하는 동안 회오리바람이 불고 천둥번개가 치고… 움직일 수 없었습니다. 완강한 대결이 계속된 후 고삐를 놓고 돌아섰습니다.

나는 새가 되어 하늘을 날고 있었습니다.
구름 한 점 없었습니다.

작별

그의 눈을 쳐다 볼 수 없다

많은 말들이 들끓고 있지만
아랫입술 지긋이 깨물고
손만 흔든다
힘차게 힘차게

그가 탄 자동차가
속력을 내기 시작한다
나도 같이 달린다

눈앞을 가리는 희뿌연 먼지

미련의 손

그 씨앗을 심던 날
나는 들떠 있었다
상상이 꼬리에 꼬리를 물고
다 자란 나무에서
열매따기 바빴다

날마다 물주고 기도하며
오늘일까 내일일까
주변을 맴돌지만
아직도 싹을 보여주지 않는다

두손 모아 간구하며
기다리는 동안 시간은 흘러가고
내 오랜 미련의 손에는
던져버릴 수 없는
녹슨 호미자루 하나 잡혀 있다

나목

언제까지나 품고 싶었던 것들
한 잎 두 잎 떠나버리고
텅 빈 가슴 빈손으로 서 있다

시베리아에서 찬 바람 불어오고
눈보라가 벗은 몸 후려쳐도
죽은 듯 엎드려 보내는 自肅의 시간
갈망해도 지름길로는 오지 않는 봄

연둣빛 새 순
시린 가슴 데우며
아지랑이 밟고 와
얼굴 내밀 그 날 기다리며
어느새 목이 길어진 나무

겨울일기

당신이 자리에 눕던 날
하늘은 잿빛으로 내려앉고
퇴색한 낙엽 위론
허기진 바람만 달려가고 있었다

곧 바닥 날 링거병 속
주사액 같은 당신의 생명
온기를 잃어가는 손

지상의 모든 길 끊으려는듯
황급히 퍼부어대는 저 눈보라

손

여든 고개 훌쩍 넘어
거동 불편한 어머니
창 가에 기대어 손 흔들고 있다
동공 크게 열고
재빨리 셔터를 누른다
커다랗게 찍히는 손
지금 나의 창자 훑고 있는
앙상한 작은 손

뇌졸중

어느 날 예고도 없이
당신과 나를 잇던 다리
무너져 내린 후
눈을 뜨고도 눈 감은
귀를 열고도 귀 닫은
어머니
당신을 사랑합니다
목이 터져라 외치면
돌아오는 공허한 메아리
습관처럼 짓는 미소 말고
우리 손 잡고
활짝 웃어 볼 순 없나요
우리 서로 다시는 만날 수 없나요
이렇게 이렇게
바라보기만 해야 하나요

아, 아득한
너무나 아득한 어머니

알츠하이머

쩍쩍 갈라진 땅바닥
옥토였던 흔적은 보이지 않는다

쟁기질하고 물 대고 씨 뿌려도
다시는 싹 틔울 수 없는 땅

본능의 실팍한 뿌리마저
말리고 있는
황폐한 땅

그 해 가을

강둑을 걷고 있었다
가물어 흐르던 물은 멈추고
자갈길이 끝없이 이어지고 있었다
찔레 덤불이 앞을 막을 때면
하모니카를 불었다

해는 떨어지고
부엉이 울음소리가 들리던 길
끝이 보이지 않던 그 길을
나는 혼자 걷고 있었다
아니, 돌아가신 엄마와 손잡고 걷고 있었다
노란 은행잎이
한없이 쏟아지고 있었다

4
오늘 문득

봄

합창이 시작되었다
공원과 골목길 담장 너머에서

욕심을 비워 버리고
몸을 얼리던 눈보라 속에서
오래 준비한 노래

조용한 목소리의 화음
박수를 바라지 않는 겸손한 무대가
가던 길 멈추게 하고
눈과 귀를 모으게 한다

고운 노래 한 소절
불러보고 싶지만
세월가도 다듬어지지 않는
나의 목소리가 부끄럽다

편지

편지함에서
세금 고지서와 함께 꺼낸 편지
서너 줄 안부만 적혀 있다

넓은 여백에서
줄 지어 달려나오는
그의 목소리

밤 새워
거닐어 보는
하얀 여백

전화

그 골짜기 눈이 녹고
실개천이 다시 소리를 내기 시작한 것은
수화기를 통해 몇 마디 말이 건너온 후였다

마른 가지 끝엔 어느새 연둣빛 움들

오늘 문득

길게 이야기를 나눈 적 없고
자주 통화하지도 않았다

떠날 땐 악수도 나누지 못했는데
오늘 문득 내 안에서
보랏빛 라일락꽃으로 피어난다

자리에 앉으면
은은한 향기로 주변을 적시던
웃을 때 가지런한 앞니빨이 곱던 사람

옮겨앉은 그 곳에서도
맑은 체취 뿌리고 있을

라일락이 바람에 흔들린다
사방으로 퍼져가는 향기

물꼬

넘치려하고 있다
장마철 강 하류처럼
잡동사니로 가슴이 막혀 있다

전화가 왔다

수화기 속으로 탁류가 흘러간다
쉼없이 빨려 들어간다

긴 통화가 끝났다
낮아진 수위
수면 잔잔하다

어떤 날

오랜 친구 전화가
몹시 기다려지는 날이 있다

애먼 소리 듣고 억울해서 쓸쓸한 날

기분 좋은 일로 마음 화창한 날

갈림길에서
한 발짝도 떼지 못하고
생각 많은 날

전원이 꺼져 있나
전화기만 들었다 놨다

내 맘 깊은 골짝까지 알고 있는
친구는 지금
뭐 하는지

기다려지는 전화

시골 학교

탱자 울타리가 안고 있는 작은 학교

아이들은 모두 다 집으로 돌아가고

풍금소리가 걸어다니다 앉아보는 빈 자리

미루나무 까치집엔 매미소리만 쌓이고

노을은 하릴없이 사루비아만 태운다

코스모스

은밀히 준비 해 온
가을 노래
소리내어 부르기 시작한다
여리고 부드럽게

하늘을 말갛게 닦아놓은
노래의 파장들이
길섶을 흥건히 적시고 있다

동학사

미세한 기척도 들리지않는 선방
환한 햇살 받고 있는 창호지가
숨소리마저 빨아들이고 있다
댓돌 위엔 보오얗게 닦여
가지런히 놓인 고무신 한 켤레

봄을 기다리며

꽃샘 추위에 옷깃을 여민다

그녀가 대문을 들어서면
맨발로 달려나가
두 팔 활짝 벌려 안아주고
꽃그늘 아래서
화전을 구우리라 생각했는데

3월에 내리는 눈발
산수유 입술이 시퍼렇다
온다는 소문만 무성하고
쉽게 오지 않는다

만나면 씌워주리라 사 둔
차양 넓은 모자엔 먼지만 쌓이는데
아직 동구 밖에서
서성이고만 있는 그녀

주왕산, 가을

외나무 다리 옆 넓은 바위에
묵은 사진첩 속 얼굴들 나와 앉는다
얼굴들이 웃는다 목젖이 보이도록
이빨이 계곡으로 튀어 나간다
웃음소리에 나무들이 흔들린다
소나기로 쏟아지는 낙엽

흩날리는 낙엽 사이로
다람쥐 한 마리
사진첩을 물고 달아나고 있다

주산지 고목

늙어 무릎 아픈
주산지 왕버드나무
바위 베고 누워 있다

혼신의 힘 다해 피워낸
정수리 부분 잎 몇 개

반짝이는 초록빛 희망
무성하게 달고
위로 옆으로 팔을 뻗던 기억
조금씩 멀어지고

끝내 이루지 못해
가슴 짓누르던 욕망
바람에 날려 보낸 왕버드나무 주위로
연둣빛 봄이 기척도 없이 와 있다

만추

가을이
나뭇가지에 걸려
머뭇거리고 있는 소공원 길

오래된 도마처럼
무수한 상처를 지닌
할머니 걸어간다
움츠린 어깨 위로
떨어지는 낙엽

곧 해 떨어지겠다
마음만 바쁘다

낡음, 그 편안함에 대하여

외출하려고 신발장을 연다
어제 산 구두가 반색을 한다
낯설지만 세련된 손길로
힘껏 조여오는 감촉
발이 긴장한다

다른 것을 꺼낸다
주름지고 탄력 잃은 피부
여기저기 마른버짐 같은 상처
눈비 맞고 돌부리 부딪치며
오랜 세월 동행한
그의 품은 부드럽고 넉넉하다

오래된 구두를 신고
집을 나선다
융화하는 그
있는 듯 없는 듯 편안하다

등나무 그늘

내가 띄운 애드벌룬이
누군가에 의해 내려지던 날

등나무 그늘 아래 혼자 앉아 있었다
간간히 나른한 매미 소리만 들릴뿐

무성한 잎새
하늘도 안 보이는 등나무 그늘 아래
하염없이 그렇게 앉아 있었다

저 앞 개울로 흘러드는 흙탕물

지나가는 바람이
등 두드려 주었다

| 해설 |

세계와 삶에 대한 신뢰와 긍정의 노래

이진흥(시인)

1. 바라보는 자(視人)와 노래하는 자(詩人)

정정지의 시를 읽는다. 예술가는 작품의 근원이고 작품은 예술가의 근원으로서 양자는 예술이라는 보다 근원적인 것 속에서 상호관련을 맺고 있다는 하이데거의 말을 따른다면 정정지의 시(poetry)는 그녀의 작품(poems)과 정정지라는 시인(poet)의 관련 속에서 읽어야 한다.

정정지 시인은 한마디로 도덕 교과서 같은 사람이다. 아마도 그녀를 알고 있는 사람들은 누구든지 이구동성으로 그녀를 보기 드물게 정직하고 성실하며 겸손한 사람으로 꼽을 것이다. 도덕 교과서 같은 심성은 생활인에게는 매우 훌륭한 덕목이지만, 자유로운 상상력과 새로움을 추구하는 예술가에게는 장애가 될 수도 있다. 누구보다도 자기검열이 엄격해서 자신을 도덕적 규범 속에다 가두기 때문이다. 그럼에도 불구하고 그런 성품 속에는 인간에 대한 깊은 신뢰와 세계에 대한 아름답고 긍정적인 정서가 튼튼하게 자리잡고 있다. 질풍노도와 같은 열정이나 무한을 지향하는 낭만정신은 억제되지만, 그렇기 때문에 오히려 질서와 균제라는 고전적인 미의 세계가 잘 구축된다. 그런데 정정지는 시인이다. 그러므로 그녀가 지닌 도덕적 엄격성에 못지않게 미적 진실을 추구하는 욕구도 강렬하다. 그래서 정정지의 작품들은 외형적으로는 대단히 절제되어 단정하지민 그 속에는 화산처럼 강렬한 용암이 내장되어 있다. 실제로 도덕적 규범 속에 자신의 미적 실현욕구가 속박되는 것은 참기 힘든 일이다.

    끓고 있는 분노
    가슴 속에 쟁여놓고
    변함없는 얼굴로
    그 자리에 서 있는

    저이기 저 사람
     ―「화산」 전문

늘 절제된 단정함을 유지하려는 자신(public I)에 대하여 시인의 자아(real I)는 분노한다. 그러면서도 그것을 시원하게 폭발시키지 못하고 안으로 꾹꾹 눌러

억제하면서 겉으로는 그냥 〈변함없는 얼굴로〉 늘 그렇게 〈그 자리에〉 서 있다. 속에서 끓고 있는 분노를 남들이 모르게 가슴 속에 깊이 〈쟁여놓고〉 겉으로는 아무렇지도 않은 듯이 서 있는 자신의 모습이 못마땅하다. 그럼에도 불구하고 그녀는 분노하는 자신을 〈저어기 저 사람〉으로 대상화(혹은 객관화)하여 바라본다. 이렇게 분노하는 자기와 바라보는 자기 사이에 〈저어기 저〉라는 일정한 거리를 둠으로써, 정정지의 바라보는 자(視人)는 노래하는 자(詩人)가 된다.

그는 벽이었다
쪽문 하나 없는

완강하게 손사래치며
눈 감고 귀 막고
돌아앉은 저 철옹성

뚫어보려 애쓰던 말들
튕겨 나와 널브러져 쌓이고
두드려보고 힘껏 밀어도 보지만
미동도 않는 까마득한 높이

담쟁이덩굴이 여린 손으로
기어오르기 시작한다
　　—「벽」 전문

F. 헤벨의 말처럼 세계는 자아와 대립해 있다. 시인은 그런 상황을 누구보다도 예민하게 느끼는 감성이다. 자아를 에워싸고 죄어오는 세계를 뛰어넘으려는 주체를 실존이라고 하는데, 그런 의미에서 시인은 언제나 깨어있는 실존이다. 그의 앞에서 세계는 마치 소월의 "불러도 대답 없는 이름"처럼 〈양 손 입에 대고/목청껏 '야아호오'〉(「민둥산」)를 소리쳐도 대답이 없고, 눈을 더 부릅뜨고 바라보면 그것은 〈눈 감고 귀 막고/돌아앉은 저 절옹성〉 혹은 〈쪽문 하나 없는〉 벽이 된다. 그래서 〈뚫어보려 애쓰던 말들/튕겨 나와 널브러져 쌓이고/미동도 하지 않는 까마득한 높이〉 앞에서 시인은 낙심한다. 그러나 다음 순간 시인은 그 〈까마득한 높이〉를 〈담쟁이덩굴이 여린 손으로/기어오르기 시작〉하는 놀라운 생명의 힘을 발견하게 되는데, 그것은 바로 시인이 지니고 있는 삶과 세계에 대한 깊은 신뢰와 긍정의 시선 때문이다.

2. 숙명적인 삶과 순명의 자세

사르트르의 말처럼 인간은 즉자(卽自)존재인 사물과 달리 자신을 만들어가는 대자(對自)존재로서 늘 선택의 기로에 서 있다. 자신이 선택한 길은 스스로 책임을 져야 하므로 불안한데, 그 불안의 주체가 실존이다. 어렵지만 선택은 해야 하고, 두렵지만 결과는 받아들여야 한다.

또 갈림길이다

들머리에서 서성거려 보지만
길을 물을 사람 보이지 않는다

하루에도 몇 번씩 만나는
두 갈래 세 갈래의 갈림길

지름길이든
흙탕길이든
내가 택하고
내가 걸어야 할 길

그 머나먼 길
　—「길」 전문

  길은 이미 앞에 있고, 따라가면 가고자 하는 곳에 이를 수 있다. 그러나 가던 길이 갈림길이 되면 그 중의 하나를 선택해야 하는데 한 번도 가보지 않은 길이어서 선택 자체가 두렵고 불안하다. 그런데 자신의 삶을 스스로 만들어가는 대자존재로서의 시인에게 길은 언제나 〈또 갈림길〉로 다가온다. 〈또〉라는 말이 암시하듯 갈림길은 되풀이되어 나타나므로 시인의 선택은 계속되어야 한다. 이때 어느 쪽이 나은 길인지 알려주는 사람이 있을까 하여 혹시나 하고 〈들머리에서 서성거려 보지만/길을 물을 사람〉은 보이지 않는다. 그래서 시인은 홀로 〈하루에도 몇 번씩 만나는/두 갈래 세 갈래의 갈림길〉에서 하나를 선택해야 하고, 일단 선택한 길은 그것이 비록 〈지름길이든/흙탕길이든〉 상관없이 가야 한다. 그것이 시인에게 부여된 숙명이고 스스로 따라야 할 순명이다.

그러나 어떤 의미에서 삶의 행로는 우리의 자의적인 선택의 바깥에 있는 것인지도 모른다. 다시 말해서 인간의 삶이란 알 수 없는 절대자의 뜻에 따라서 마치 가지치기하는 정원사에게 자신을 내맡기고 선 나무의 운명과 같은 것이랄까.

    정원사가 나무를 다듬고 있다
    능숙하게 무성한 가지들을 잘라내고 있다
    더 높게 더 넓게 뻗어나고 싶은 욕망
    싹둑싹둑 잘려 땅으로 떨어지고
    비명을 지르거나 발버둥칠 수 없는
    나무의 아픔은 혼자서 삭여야 할 그만의 몫이다

무표정하게 서 있는 나무

전지를 마치고 그가 돌아가고 나면
나무는 땅 속에다
더 넓게 더 깊게 뿌리를 뻗는다
　―「전지」 전문

정원사는 정원 전체를 아우르면서 나무를 전지한다. 나무는 자신의 욕망대로 뻗어나갈 수 없다. 나무의 욕망은 정원사의 가위에 의해 잘려나가지만, 나무는 비명도 지르지 못하고 가지가 잘려나가는 아픔을 혼자서 삭여야 한다. 나무가 거스를 수 없는 정원사처럼, 시인은 자신을 지배하고 아우르는 존재를 생각한다. 예컨대 작품 「세월」이 그것을 보여준다.

길 잘 든 양떼들인가
우리들은
채찍도 안 든 그에게 몰려
영원한 휴식이 기다리고 있는
골짜기를 향해
내닫고 있다

무수한 마침표가 뒹구는 그 곳에

우리를 데려다 놓기 전엔
한 눈 한 번 팔지 않는 그

성급히 뛰어내린 나뭇잎 몇몇
바람에 쏠리고 있다
　—「세월」 전문

　우리는 이미 〈길 잘 든 양떼들〉처럼 세월(채찍도 안 든 그)에 몰려 죽음(영원한 휴식의 골짜기)으로 내닫고 있다. 우리가 그 죽음에 닿기 전까지 세월은 힌 눈 한 번 팔지 않고 우리들을 몰아간다. 다만 성급히 뛰어내린 나뭇잎 몇몇이 바람에 쏠리고 있는 풍경이 몹시 비정해 보이지만 그 뿐이다. 시인은 바로 그런 것이 정직한 우리의 삶의 모습임을 직시하고, 작품「갈림길」에서 〈그가 가리키면/거부의 손짓 한 번 못하고/순순히 내려가야 할/음침한 무저갱이 저만치 입을 벌리고 있〉다고 죽음이라는 한계상황을 노래한다. 이렇듯 운명에 대하여 겸손한 순명의 태도를 보이지만 그 내면에는 서두의 작품「화산」에서 보았듯 대단히 힘들고 어려운 시인의 고뇌가 끓고 있다.

3. 상처난 사회와 치유의 꿈

현대인은 고향을 떠나 낯선 거리를 헤매는 이방인으로 살고 있다. 〈낯선 땅〉에서 날개 다친 새처럼 〈푸른 하늘 울창한 숲〉으로 귀향을 꿈꾸지만 돌아가지 못한다. 주변을 돌아보면, 현실은 생존경쟁의 밀림이고 약육강식의 바다이다. 삶의 근원인 고향을 상실하고 부유식물처럼 떠돌면서 생존을 위해 뿌리 내릴 치열한 영토 싸움을 벌인다. 절대강자는 없다. 권력은 무상하여 강자와 약자는 자리를 바꾸면서 혼란은 새로운 질서로 대치된다.

> 소나무 밑에 자리 잡은 칡덩굴
> 연한 떡잎 두 장 피워냈을 땐
> 곁을 내어준 소나무에게
> 산들바람만 불어도 머리를 조아렸다
>
> 밤과 낮이 몇 차례 자리를 바꾼 후
> 그는 소나무를 붙잡고 오르기 시작했다
> 산수유꽃이 피었다 지고
> 또 피었다 진 다음
> 셀 수 없는 초록 잎새를 거느린 그는
> 점령군이 되었다

가쁜 숨 몰아쉬는
소나무를 옥죄는
점령군의 탄탄한 팔뚝

그 산속에서 그들의 자리바꿈을
눈여겨보는 사람은 아무도 없었다
　—「자리바꾸기」 전문

　키 큰 소나무 밑에서 〈연한 떡잎 두 장〉을 피워낸 어린 〈칡덩굴〉은 〈산들바람만 불어도〉 곁의 자리를 내준 소나무에게 숨을 죽이고 〈머리를 조아〉리며 눈치를 본다. 그러나 며칠 지나자 칡은 덩굴순으로 소나무를 붙잡고 오르더니 마침내는 무성한 〈초록 잎새를 거느린 점령군이 되〉어 소나무를 옥죈다. 강자와 약자의 처지가 바뀌고 객이 주인이 된 것이다. 그러나 그러한 〈자리바꿈을/눈여겨보는 사람은 아무도 없〉다. 그것이 우리가 살아가는 사회의 현실이다.
　현대인은 농경사회를 벗어나 새로운 유목민의 세계를 이루고 있지만, 언제나 그들에게 본향으로서의 고향은 그리움의 대상이다. 〈밤이면 별빛 쏟아져 내리던/아득한 고향//베트남에서 시집온 위엉 쑤안이/대전 오!월드 아프리카 사파리에서/호랑이를 보고 있〉(「사파리에서」)는 장면이 그것을 보여준다. 시인은 〈뻐꾸기 소리 흐르는〉

〈누런 보리밭 위로〉 날아가는 비행기를 바라보면서, 〈뱁새 둥지에 몰래 알을 낳고/어미 뻐꾸기 날아가 버린〉 후 〈양어머니 품에서 깨어 난/뻐꾸기 새끼〉처럼 지금 혹시 저 비행기에 〈엄마에게 버림받고/파란 눈의 양부모 찾아/태평양 건너가는/뻐꾸기 새끼 같은 아기도 타고 있을까〉(「초여름, 뻐꾸기 소리 흐르는」)하면서 지금 우리 사회의 이슈가 되는 입양아 문제를 떠올린다. 어둡고 슬픈 우리 사회의 풍경화 중의 하나이다.

  그러나 그것에 머무르지 않고 시인은 따뜻한 시선으로, 그런 어려움을 새로운 희망으로 바꾸어 신생의 꿈을 이루어가는 아름다운 삶의 모습을 노래한다.

    엄마는 밤늦도록
    반짇고리에 모아두었던
    형형색색의 헝겊 조각을 꺼내
    한 장의 조각보를
    만들고 있다

    이혼하고 사내애 둘 키우던 남자와
    사별하고 남매를 기르던 여자가
    둥지를 틀고
    아빠와 엄마가 되었다
    남자의 아이 여자의 아이

머잖아 태어날 그들의 아이

모양도 색깔도 다른 헝겊들
완성된 조각보 펴 들고
환하게 웃을 날이
불면의 강 건너
깊은 골짜기에서 눈 뜨고 있다
─「조각보」 전문

옛날 어머니가 〈밤늦도록/반짇고리에 모아두었던/형형색색의 헝겊조각을 꺼내〉 자르고 이어서 만든 〈한 장의 조각보〉처럼, 〈이혼하고 사내애 둘 키우던 남자와/사별하고 남매를 기르던 여자가/둥지를 틀고/엄마와 아빠가 되〉어 새로운 가정을 이룬다. 그러면 〈남자의 아이와 여자의 아이〉는 새로운 형제로 맺어지고, 남자와 여자 사이에서는 머잖아 〈그들의 아이〉가 새로 태어난다. 그리하여 〈모양도 색깔도 다른 헝겊들〉이 모여 아름다운 〈조각보〉를 이루듯이, 엄마가 다르고 아빠가 다른 아이들과 또 새로 태어날 아이가 함께 모여서 더 아름답고 조화로운 가정을 이루어 잘 커나갈 것이다. 이렇게 작품 「조각보」는 앞의 작품 「초여름, 뻐꾸기 소리 흐르는」에서 보였던 어둡고 슬픈 풍경 너머 아주 밝고 건강한 삶의 모습을 보여주고 있다.

4. 모성의 길 또는 자애(慈愛)와 효심(孝心)의 아픔

영원히 여성적인 것이 우리를 구원한다고 괴테는 말한다. 여성의 본질은 모성이다. 흔히 얘기하는, 소녀는 기다리는 모성이고 어머니는 헌신하는 모성이며 할머니는 추억하는 모성이라는 말은 모성의 핵심을 잘 표현하고 있다. 모성은 한 마디로 자식에 대한 사랑과 헌신이다. 어머니는 언제나 자식을 품고 지키려고 하지만 그러나 언젠가는 자식을 놓아 보내야 한다. 자식은 어머니를 떠남으로써 비로소 자신의 자아를 찾게 되기 때문이다. 모든 신화 속의 영웅들이 고향(고향은 어머니의 다른 이름이다.)을 떠나는 것은 바로 그 때문이다. 정정지 시인은 그러한 고향 떠나기의 원형을 「離乳」라는 작품으로 잘 형상화하고 있다.

    이제 그만 젖줄을 놓아야 하는
    어린 것이 울고 있다

    때로는 평생 움켜잡고 살고 싶은 것
    싹둑 잘라 떠나보내기도 한다는 걸
    알 리 없는 어린 것이
    처음 만난 절망 앞에서
    하늘이 무너진 듯 목 놓아 울고 있다

젖을 빨다 엄마와 눈이 마주치면
피어나던 수천 개의 꽃송이들
쉽게 놓칠 수 없다

언제까지나 품고 싶은 것
보내는 일은 열 번을 반복해도
처음인 듯 쓰라리다

어린 것이 일어서서
비칠걸음으로 걷기 시작한다
아무도 대신 가 줄 수 없는
꽃과 햇빛과 비바람이 섞여있는 길
　―「離乳」 전문

　이 시에서 아기는 離乳(젖줄로 연결된 엄마로부터 분리)를 통하여 스스로의 삶을 시작하는 독립된 존재가 되는 것을 보여준다. 한마디로 아기의 젖떼기 과정은 엄마와 눈물로 뒤엉켜진 힘든 통과의례이다. 그래서 아기는 〈하늘이 무너진 듯 목 놓아 울고〉, 〈언제까지나 품고 싶은 것〉을 보내는 엄마는 마침내 〈어린 것이 일어서/비칠걸음으로 걷기 시작〉하는 것을 바라면서 가슴을 저민다. 그러나 아기는 이제 한 인간으로서 〈아무도 대신 가 줄 수 없는/꽃과 햇빛과 비바람이 섞여있는 길〉을 걸어가야 한다. 신이 인간에게 준 최고의 선물인 자유는 바로 신으로부터의 분리(실낙원)라는 두려운 통과의례를 겪어야 가질 수 있는 것이다. 이 시는 표면적으로 아기의 젖떼기 장면을 애절하게 그린 것이지만, 그 배면에 비치는 저 실낙원의 암각화를 떠올리게 하여 인간의 삶에 대한 깊은 성찰을 촉구하고 있는 것이다.

실낙원(고향 상실)의 세계는 한 마디로 〈캄캄한 밤바다/폭풍우 치고 파도〉가 거센 곳이다. 젖떼기를 한 아기가 〈어릴 때 갑판에서/조개껍데기 갖고〉 놀다가 이제 어느덧 〈선장이〉되어 〈아버지 어깨 너머 익힌 기술로/캄캄한 밤바다/폭풍우 치고 파도 거센〉 바다로 〈배를 타고 떠난다〉. 그리하여 어머니인 시인은 자신이 〈만난 봄 중에 가장 환한 봄이었던〉(「출항」) 자식이 험한 파도의 세계로 떠나가는 것을 바라보면서 차마 〈그의 눈을 쳐다볼 수 없〉어 가슴 속에는 〈아랫입술 지긋이 깨물고/손만〉(「작별」) 흔드는 것이다.

이러한 자식을 향한 시인의 지극한 사랑은 또한 어머니를 향한 극진한 효심으로도 발화하여 형언할 수 없는 안타까움과 고통의 노래가 된다. 〈여든 고개 훌쩍 넘어/거동 불편한 어머니/창가에 기대어 손 흔들〉던 모습을 떠올리면, 그 〈앙상한 작은 손〉이 시인의 〈창자를 훑〉(「손」)는다. 창자를 훑는 고통은 자신의 몸속의 모든 것을 긁어내는 아픔이다. 생각건대 자신의 몸에서 나온 소중한 자식을 떠나보내야 하는 것처럼, 자신의 몸이 나온 어머니 또한 언젠가는 헤어져야 할 대상이다. 어머니는 아늑한 요람이었고 세파를 막아주는 든든한 방파제였지만, 이제는 늙고 병들어 나약하게 꺼져가는 마지막 불꽃이기도 하다. 〈어머니가 자리에 눕던 날〉은 시인에게 하늘이 〈잿빛으로 내려앉〉는 충격과 〈퇴색한 바람 위론/허기진 바람만 달려가〉는 불안한 날이었다. 〈곧 바닥날 링거병 속/주사액 같은 딩신의 생명/온기를 잃어가는 손〉을 붙들고 어머니를 바라보면서 느끼는 한없는 무력감은 무엇으로도 대신할 수 없다. 그리고 마치 〈세상의 모든 길 끊으려는 듯/황급히 퍼부어대는 저 눈보라〉(「겨울 일기」)마저 어머니를 마지막 골짜기로 내모는 듯하다. 그리하여 〈예고도 없이/당신과 나를 잇던 다리/무너져 내린 후/눈을 뜨고도 눈 감은/귀를 열고도 귀 닫은/어머니〉(「뇌졸중」)를 바라보는 심경을 시인은 다만 〈아, 아득한/너무나 아득한〉이라고 밖에는 표현할 수가 없다. 이제 어머니는 더 이상 아늑한 요람이며 든든한 방파제가 아니라 〈본능의 실곽한 뿌리마저/말리고 있는/황폐한 땅〉(「알츠하이머」)이 되어 물상처럼 낯설게 누워 있다.

쩍쩍 갈라진 땅바닥
옥토였던 흔적은 보이지 않는다

쟁기질하고 물 대고 씨 뿌려도
다시는 싹 틔울 수 없는 땅

본능의 실팍한 뿌리마저
말리고 있는
황폐한 땅
　―「알츠하이머」 전문

　이제 생명의 근원인 어머니라는 땅이 말라서 땅바닥이 쩍쩍 갈라지고, 풍성하게 생명을 키워내던 〈옥토였던 흔적은〉 어디에서도 보이지 않는다. 열심히 〈쟁기질하고 물 대고 씨 뿌려도/다시는 싹 틔울 수 없는 땅〉처럼 어머니는 이제 아무리 약을 쓰고 치료를 해도 다시는 회복할 수 없다. 세상에서 가장 가까운 존재인 어머니가 철저하게 단절된 저쪽 세계에서 모든 감각을 닫고, 〈본능의 실팍한 뿌리마저〉 말라버린 상태로 있는 모습을 어떻게 표현할 수 있을까? 그야말로 〈황폐한 땅〉이 된 어머니를 바라보는 시인의 심경이 절절한 고통으로 드러나고 있다.

5. 언어의 절제와 겸허한 삶의 태도

정정지 시의 특징은 한 마디로 절제된 언어와 간결한 표현에 있다. 세계는 항상 그 배면에 거칠고 두려운 형이상의 명암이 교차되고 있지만 그녀의 시야에 들어오면 그것은 단정하고 간결해진다. 예컨대 선방을 묘사한 작품 「동학사」가 그러하다.

> 미세한 기척도 들리지 않는 선방
> 환한 햇살 받고 있는 창호지가
> 숨소리마저 빨아들이고 있다
> 댓돌 위엔 보오얗게 닦여
> 가지런히 놓인 고무신 한 켤레
> ―「동학사」 전문

절제된 언어로 긴장의 끈을 조이는 것이 이 작품의 미덕이다. 선방이 원래 적막이 감도는 곳이지만, 시인의 시선이 그런 곳으로 향하는 것은 예사로운 일이 아니다. 무엇이 시인의 시선을 끌어들이는 것인가? 그것은 시인의 안으로 여민 의식과 근원적인 세계를 향한 시선 때문일 것이다. 선방에서는 수행자가 일체의 세속적인 것을 내려놓고 깊은 명상에 든다. 그러므로 선방은 미세한 기척도 들리지 않는 고요의 공간으로서

범접할 수 없는 성역이 된다. 그래서 〈환한 햇살 받고 있는 창호지가 숨소리마저 빨아들이고〉, 〈댓돌 위엔 보오얗게 닦여/가지런히 놓인 고무신 한 켤레〉가 그것을 바라보는 시인의 마음을 고요한 무념의 장으로 인도한다. 그러나 쉴 새 없이 움직이는 마음을 내려놓는다는 일이 얼마나 힘든 일인가를 미루어본다면, 선방은 겉으로 보이는 고요한 평화의 공간이 아니라 오히려 보이지 않는 인간의 의식과 그에게 마주한 세계가 대결하고 충돌하는 전장일 수도 있다. 어쩌면 표면적인 적막 속에 감추어진 내면의 격렬한 전투, 그리고 거기서 비롯한 상처와 고통의 공간일는지도 모른다. 그럼에도 불구하고 시인은 자신의 도덕적 규범 속에서 그러한 형이상의 고통을 질서와 균제의 언어로 형상화하고 있는데, 그것은 이 시집 전체를 관류하는 시인의 세계와 인간에 대한 신뢰와 긍정 때문이다.

  이러한 신뢰와 긍정이 파도를 온몸으로 받아내며 삶을 지켜주는 작품 「방파제」로 잘 형상화되고 있다.

    언제부턴가 그는
    그 자리에 있어
    풍경의 일부가 되었다

    가끔씩 내려와

추수 앞 둔 농사를 들쑤시는
저 멧돼지 같은
파도를 온몸으로 받아내는 그가 있어
부둣가 횟집들은 안심하고 잠이 든다

늘 거기에 있어도
청명한 날엔 눈에 띄지 않는 그
태풍경보가 내린 날은
태산처럼 미덥다

한밤중 아무도 몰래
파도에 시달린
팔다리 주무르며
어깨 들썩이고 숨죽여 울기도 하는 그

오늘은 발 씻고 앉아
갈매기를 세고 있다
    ―「방파제」 전문

  방파제는 바닷가에 앉아서 쉼없이 거대한 산맥처럼 밀려오는 바닷물과 사나운 짐승처럼 떼 지어 달려드는 파도를 온몸으로 막아준다. 그렇게 큰 역할을 해주는 고마운 존재임에도 불구하고 〈언제부턴가 그는/그 자리에 있어/풍경의 일부가 되〉어 있을 뿐이다. 자신을 드러내지 않고 그냥 그 자리에 그렇게 있는 것—자신의 존재를 드러내지 않는 방식으로 있다는 것—이야말로 믿음직한 신뢰의 모습이다. 그래서 〈부둣가 횟집들은〉〈추수 앞 둔 농사를 들쑤시는/저 멧돼지 같은/파도를 온몸으로 받아내는〉 방파제 덕분에 〈안심하고 잠이〉 들 수 있는 것이다. 여기서 방파제는 가족을 지켜주는 가장처럼 혹은 마을을 지켜주는 수호신처럼 고마운 존재임에도 불구하고 평시에는 그의 존재를 잊은 채 살고 있다. 그러나 〈태풍경보가 내린 날은/태산처럼〉 그것의 진정한 모습을 보여주는데 시인은 그것을 〈한밤중 아무도 몰래/파도에 시달린/팔다리 주무르며/어깨 들썩이고 숨죽여 울기도 하는〉 나약한 존재로 묘사한다. 이렇게 태산처럼 강하면서도 동시에 어깨 들썩이고 숨죽여 울기도 하는 나약한 모습에서 우리는 시인이 드러내고자 하는 인간적인 사랑과 신뢰를 읽는다.

6. 따뜻한 긍정의 심성 혹은 포에지의 눈빛

지금 시인은 인생의 가을에 서 있다. 꽃 피던 봄과 무더운 여름이 꿈같이 지나갔다. 그 동안 인고의 힘으로 빚어낸 자랑스러운 열매들을 모두 대지에 돌려준 나무처럼 홀홀히 서서 주변을 돌아본다.

가을이
나뭇가지에 걸려
머뭇거리고 있는 소공원 길

오래된 도마처럼
무수한 상처를 지닌
할머니가 걸어간다
움추린 어깨 위로
떨어지는 낙엽

곧 해 떨어지겠다
마음만 바쁘다
― 「만추」 전문

 늦은 가을날, 시든 잎사귀 몇 개가 마른 나뭇가지에 걸려 머뭇거리고 있는 소공원 길을 할머니 한 분이 지나간다. 때마침 할머니의 움추린 어깨 위로 떨어지는 낙엽이 매우 쓸쓸하다. 그 풍경을 바라보면서 시인은 〈오래된 도마처럼/무수한 상처를 지닌/할머니〉를 생삭한다. 오래토록 채소를 썰고 양념을 다지며 고기를 저밀 때 생긴 무수한 칼자국으로 가운데가 움푹 파여진 도마의 이미지에서, 지난했을 할머니의 인생역정을 떠올린다. 인생의 가을에 서서 자신을 돌아볼 때 이 세상

누군들 상처가 없겠는가? 그런 의미에서 사랑은 삶의 그림자일는지 모른다. 불과 몇 줄 안 되는 짧은 시구에 나오는 〈오래된〉〈무수한〉〈움추린〉〈떨어지는〉 등의 수식어가 힘든 삶의 세계를 암시한다. 그런데 여기서 시인은 〈곧 해 떨어지겠다/마음만 바쁘다〉면서 돌아갈 길을 재촉한다.

 그러나 달리 생각해보면 인생의 가을이 반드시 쓸쓸한 조락의 계절만은 아니다. 오히려 인생의 가을은 "편안하다 늙어서 이리 편안한 것을/버리고 갈 것만 남아서 참 홀가분하다"는 박경리의 시구나 서정주의 "이제는 돌아와 거울 앞에 선 내 누님처럼" 편안하고 여유로운 때이기도 하다. 정정지 시인도 역시 새로 산 구두 대신 〈오래된 구두를 신고/집을 나〉서며 〈눈비 맞고 돌부리 부딪치며/오랜 세월 동행한〉 그 낡은 구두가 더 〈편안하다〉(「낡음, 그 편안함에 대하여」)고 하면서, 아직 〈똥오줌도 가리지 못하는〉 어린 손녀를 〈작은 폭군〉 혹은 〈향기로운 꽃〉(「손녀」)이라며 할머니로서의 여유로운 자애의 표정을 짓고 있다.

 그러나 어쨌든 인생의 가을(노년)은 자신도 모르게 몸과 마음에서 젊은 날의 의욕과 탄력이 빠져나가는 계절이다. 힘차게 날아오르는 새들의 날갯짓이나 기암절벽의 역동적인 산세보다는 평온한 들판의 햇살이나 부드럽고 정태적인 풍경에 시선이 더 간다. 파릇하게 눈을 틔우는 나뭇가지보다는 비스듬히 기운 고목의 마른 등걸에 동질감을 느낀다.

>늙어 무릎 아픈
>주산지 왕버드나무
>바위 베고 누워 있다
>
>혼신의 힘 다해 피워낸
>정수리 부분 잎 몇 개
>
>반짝이는 초록빛 희망
>무성하게 달고
>위로 옆으로 팔을 뻗던 기억
>조금씩 멀어지고
>
>끝내 이루지 못해
>가슴 짓누르던 욕망
>바람에 날려 보낸 왕버드나무 주위로
>연둣빛 봄이 기척도 없이 와 있다
>　—「주산지 고목」 전문

　도시의 아파트 숲에 사는 시인이 깊은 산골의 조용한 못(주산지)을 찾는다. 못 가에 비스듬히 기운 고목

(왕버드나무)에 노년의 모습을 투사하여 〈늙어 무릎 아픈/주산지 왕버드나무/바위 베고 누워 있다〉고 묘사한다. 지금 그 고목은 겨우 〈정수리 부분 잎 몇 개〉 피워낸 모습이지만 옛날 젊었을 때는 〈반짝이는 초록빛 희망/무성하게 달고/위로 옆으로 팔을〉 힘차게 뻗었을 것이다. 그러나 그 무성했던 희망들 다 사라지고 〈끝내 이루지 못해/가슴 짓누르던/욕망〉들도 모두 〈바람에 날려 보낸〉 지금은 무릎이 아파서 바위를 베고 비스듬히 누워 있다. 〈초록빛 희망〉과 젊음의 탄력을 세월이 씻어간 후, 남은 것은 다만 〈혼신의 힘을 다해 피워낸/정수리 부분 잎 몇 개〉 뿐이다. 그런데 지금 시인은 놀랍게도 그 〈왕버드나무 주위로〉 〈기척도 없이 와 있〉는 〈연둣빛 봄〉을 본다. 연둣빛 봄은 노쇠와 죽음의 반대쪽에 있는 신생과 생명의 전령이다. 여기서 우리는 다시 시인의 세계에 대한 긍정의 눈빛과 생명에 대한 따뜻한 마음을 읽는다.

뒤곁에 버려졌던
금 간 항아리
철사가 야윈 팔로 힘껏 끌어안았다

옛날처럼 다시 물이 채워진 항아리

멀어졌던 파란 하늘이 비치더니

오늘은 별 하나가 떴다

테가 살려낸 항아리
윤기가 눈부시다
　—「테」 전문

〈금 간 항아리〉가 뒤꼍에 버려져 있다. 물을 담는 항아리가 금이 가서 본래의 기능을 상실했기 때문이다. 아무도 보지 않는 곳에 버려진 금 간 항아리에 시인은 따뜻한 시선으로 다가간다. 그리고 철사로 테를 둘러 조임으로써 항아리는 물이 새지 않게 된다. 옛날처럼 다시 물을 채워본다. 금이 가서 못쓰던 항아리가 다시 본래의 항아리로 재생한다. 그동안 어둠만 고여 있던 빈 항아리가 이제 〈옛날처럼 다시 물이 채워진 항아리〉가 되어 〈파란 하늘〉을 비친다. 그리고 그 하늘에 〈오늘은 별 하나가〉 뜬다. 항아리에 담긴 물과 거기에 비친 하늘에 다시 별 하나가 뜨는 것……. 그야말로 완벽한 우주의 부활이며 죽음(어둠)이 생명(빛)으로 살아나는 장면이다. 이렇게 죽은 사물까지도 아름답게 재생시키는 시인의 따뜻한 심성이 세계를 신뢰하게 하고 삶을 긍정으로 이끄는 힘이며, 이 시집을 관류하는 정정지 시인의 포에지이다.

정정지 시집
방파제

초판 인쇄 2013년 4월 20일
초판 발행 2013년 4월 25일

지은이 / 정 정 지
펴낸이 / 박 진 환

펴낸 곳 / 만인사
출판등록 / 1996년 4월 20일 제03-01-306호
주소 / 700-813 대구광역시 중구 명륜로 116
전화 / (053)422-0550
팩스 / (053)426-9543
전자우편 / maninsa@hanmail.net
홈페이지 / www.maninsa.co.kr

ⓒ 정정지, 2013

ISBN 978-89-6349-046-5 03810

값 8,000원

* 이 책의 내용의 전부나 일부를 사용하려면 반드시 저작권자나 만인사 양측의 동의를 받아야 합니다.
* 「이 도서의 국립중앙도서관 출판시도서목록(CIP)은 서지정보유통지원시스템 홈페이지(http://seoji.nl.go.kr)와 국가자료공동목록시스템(http://www.nl.go.kr/kolisnet)에서 이용하실 수 있습니다(CIP제어번호 : CIP2013004172)」.